मोह-मोह के धागे

Echoes of Emotions

HARISH MALIK

BookLeaf Publishing

India | USA | UK

समर्पित

अनुपम और अलौकिक प्रकृति के उन नयनाभिराम दृश्यों और शांत-सौम्य क्षणों के लिए, जो हमें अनायास ही अपनी ओर आकर्षित करते हैं। साथ ही, उन सारी सामान्य मानवी को जो रिश्तों में अनहद प्रेम, निस्वार्थ दोस्ती और प्रकृति में अप्रतिम सौंदर्य की तलाश में रहते हैं।

प्रेरणापुंज

प्रेरणा के अंतहीन स्रोत पापा की पौराणिक कहानियों का हृदय से आभार! जिनके अनुस्वर आज भी अनंत ब्रह्मांड से अंतस में गूंजते हैं और प्रेरित करते हैं। मेरी मुस्कान और जिंदगी। मेरी छाया और आत्मिक मित्र। मेरा अंश और हूबहू चित्र। इन दोनों के अनवरत प्रोत्साहन ने इस किताब में प्राण फूंक दिए हैं। मेरे पाठकों और पत्रकार मित्रों का विशेष धन्यवाद, जिनका कविता और प्रकृति के प्रति असीमित प्रेम इस शब्द-यात्रा को और सार्थक बनाता है।

प्रस्तावना

इंद्रधनुषी यादों की रंगबिरंगी तितलियों से निकली किताब 'मोह-मोह के धागे' मन की अतल गहराइयों में लहरों की तरह उमड़ते-घुमड़ते विचारों को कागज पर उकेरने का विनम्र प्रयास है। इस किताब में शब्दों का वह संसार है जो प्रेम, करुणा और स्नेहिल रिश्तों की संवेदनाओं के सागर से निकला है। शब्दों और प्रेमिल रिश्तों की यह दुनिया गांव की पगडंडियों से सुदूर अमेरिका-साइबेरिया तक फैली है। यह किताब उन नर्म अहसासों की भी है, जो धरा पर आने के बाद पहली बार मां से गले लगकर महसूस होते हैं। इसमें मां का ममत्व है तो पिता का प्यार भी समाया है। इसमें यार-दोस्तों की चुहलबाजी है और शाश्वत बहते समय की सीख भी। यह किताब उन गर्म और खुरदरे एहसासों की है, जिनके अनुभव की लकीरें आपके जीवनपथ को कर्तव्यपथ की ओर ले जाती हैं। यह किताब चिंतन-मंथन की उस धारा की भी है, जो समाज में आसपास की होनी-अनहोनी के प्रवाह में बहने लगती है। यह किताब है उन

दिली भावनाओं की भी है, जिनकी पूरी थाह खुद कवि भी नहीं लगा पाता। यह किताब उस प्रेयसी के अनंत प्रेम और निस्वार्थ त्याग की भी है, जो आपको पिता होने का गौरव प्रदान करती है। इसमें रिश्तों का अटूट बंधन भी है तो पत्रकार मित्रों के जीवन और अनुभव के पन्ने भी हैं। इसमें देशभक्ति की सहज भावनाएं भी प्रवाहित हैं, जिनके बिना हम सब अधूरे हैं। इसमें भारत की सबसे बड़ी खारे पानी की झीलों में से एक सांभर लेक में पक्षी त्रासदी का अद्भुत शाब्दिक चित्रण भी है। जो एक लंबी कविता के रूप में मेहमान परिंदों-फ्लेमिंगो का शोक गीत बन गया है। यह किताब प्रकृति-प्रेम के अलावा राजहंसों की देश की सबसे बड़ी त्रासदी और पीड़ा के बारे में है। जिस आह के लिए प्रकृति के सुकुमार कवि और छायावादी युग के आधार स्तंभ सुमित्रानंदन पंत जी ने क्या खूब लिखा है...

वियोगी होगा पहला कवि,
आह से उपजा होगा गान,
निकल कर आँखों से चुपचाप,
बही होगी कविता अनजान!

अनुक्रमणिका

गर्भनाल

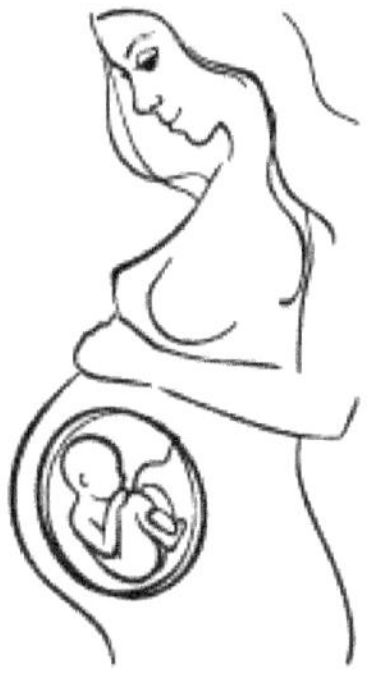

मेरा यह अस्थि-मज्जा,
रक्त, सांसें और धड़कन
सब तुझी से हैं।
फिर क्यों लोग
कहते हैं कि
तू मुझसे और मैं तुझसे
जुदा हो गया हूं।

तुमने ही तो नौ माह
गर्भ में रखकर
अपने ही लहू से सींचा
हर अंग का रेखाचित्र खींचा
गर्भनाल से खिलाया-पिलाया

जीवन तंतुओं को मजबूत बनाया।

फिर एक दिन काट दी गर्भनाल
ताकि खड़ा हो सकूं
तेरी अंगुली पकड़कर
चल सकूं - लड़ सकूं
हर मुश्किल से संभलकर
और कर दूं रोशन तेरा नाम!

झूठे हैं वो, जो कहते हैं
कि तुम आसमां में खो गई हो।
जी नहीं, माएं कहीं नहीं जाती !!

मां धड़कती है दिल में धड़कन बनकर।
मां महकती है सांसों में खुशबू बनकर।
मां बसती है आंखों में रोशनी बनकर।
मां बचाती है मुश्किलों से साया बनकर।
मां गूंजती है वाणी में शब्द-लहरी बनकर।
मां बहती है धमनियों में रक्त बनकर।

मां, मुझे तो लगता है

एक बार फिर से
तुमने गर्भनाल खुद से जोड़ ली है।
फर्क सिर्फ इतना है कि
इस बार नाल,
नाभि से नहीं, दिल से जुड़ी है।

तभी तो तेरी सारी सदाएं
स्वर्ग से सीधे
दिल तलक आ रही हैं !!
गा रही हैं कि तुम गई नहीं
यहीं हो, यहीं हो, यहीं हो !!

देखो ना फूलों की खूशबू,
रंगों में तुम हो।
चांद-तारों की किरणों में तुम हो।
मंदिर की घंटियों में तुम हो।
मस्जिद की अजानों में तुम हो।
शबद और प्रार्थनाओं में तुम हो।
जल के कल-कल में तुम हो।
हवा और पल-पल में तुम हो।

मां, तुम ही यत्र-तत्र सर्वत्र हो।

मां ! तुम चतुर्दिक व्याप्त हो।

****

प्रेम छंद-एक

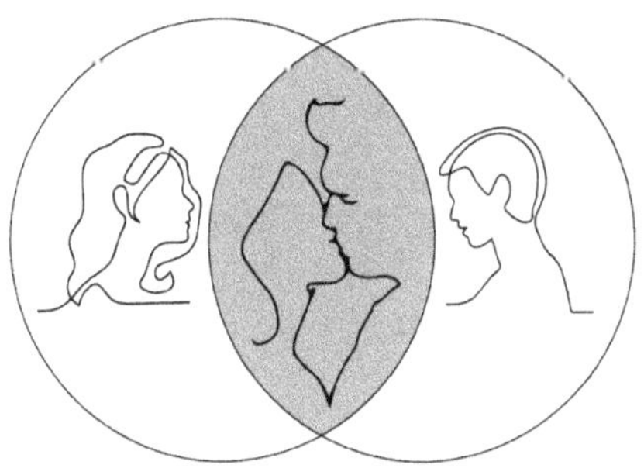

अखबार सुर्ख है
या शर्म से लाल है!
फिर आई है वही खबर
जो कल भी आई थी,
और उससे पहले भी!
समेटकर दामन में
सालों से संचित
संस्कारों की राख।
कुचलकर अपनों के सपने
और उनका साथ,
फिर, भाग गई
एक और लाडो,
उसी नायक के साथ ।

जिसके साथ
हर रोज सपनों में
भाग जाया करती हैं
न जाने कितनी लड़कियां।

टेसू के फूलों सा प्रेम,
इसका रंग
जल्द/बहुत जल्द,
चढ़ता भी है
और उतरता भी है।

मां के आंसू,
पिता के प्यार
और भाई के भावुक गुस्से
से पिघलकर/डरकर
नायिका लौट आए,
अपनी मांद में
सपनों के राजकुमार को छोड़कर
तो गालिब क्या कहेंगे ?
और गुलजार क्या लिखेंगे?

अब हीर के सपनों में खोए
रांझे को पुलिस ने पकड़ा है।
समाज/रिवाज/परंपराओं
की जर्जर बेड़ियों ने
साहिबां को जकड़ा है।

हिमालय-सी कसमें,
क्षण-भंगुर वादे,
बिछी है प्रेम की बिसात।
खलनायक-नुमा प्यादे,
भारी हैं शाश्वत प्रेम पर
और दे दी है मात।

नायिका ने जज के समक्ष
बयां नहीं किया दर्द-ए-दिल,
बदल दिया है बयान।
इसलिए हमारा महिवाल
अब जेल में बंद है।
बौरा गए हैं वे,
और नहीं जानते
प्रेम का यह
करुणामयी छंद है।

गालिब अब क्या कहेंगे
और गुलजार क्या लिखेंगे?

****

प्रेम छंद-दो

अखबार सुर्ख है
या शर्म से लाल है।
फिर आई है वही खबर
जो कल भी आई थी,
और उससे पहले भी!
समेटकर दामन में
सालों से संचित
संस्कारों की राख,
कुचलकर अपनों के सपने
और उनका साथ,
फिर, भाग गई
एक और लाडो
उसी नायक के साथ,
जिसके साथ

हर रोज सपनों में
भाग जाया करती हैं
न जाने कितनी लड़कियां।

बसंत के बगीचे में,
अमुआ के पेड़ों तले,
फागुन की चांदनी रात में
नायक-नायिका खूब मिले।
दो-चार दिन में ही
प्रणय निवेदन से
सुर्ख-शर्म के गहने
गुलाब की पंखुड़ियां बन जाएं।
तो गालिब क्या कहेंगे?
और गुलजार क्या लिखेंगे?

सेमल की रुई सा प्रेम
वक्त की हवा में
चक्रवातों के दबाव में
यहां-वहां उड़ता है
कहीं जा पड़ता है।

क्या कहेंगे
बड़ा दुर्भाग्यपूर्ण समय है,
प्रेम के इर्द-गिर्द
शनि का वलय है।

आज की शकुंतला को
जब भूल जाए कोई दुष्यंत,
प्रेम की अमर निशानी
का भी हो जाए अंत।
तो गालिब क्या कहेंगे?
और गुलजार क्या लिखेंगे?

फागुन की चांदनी रात में
जब आम बौरा गए हैं
और कटहरकटहर की बजाए भंवरा
मदमत्त हो गया है।
बसंत के बगीचे में
आंसुओं की शैय्या पर
वही नायिका अभागी
सो जाए/थकी-हारी
नायक का इंतजार करते-करते,
तो गालिब क्या कहेंगे?
और गुलजार क्या लिखेंगे?

सठिया गए हैं वे,
मालूम नहीं कि
देश में लोकतंत्र है।
नहीं जानते,
प्रेम का यह
कौमदीय अंत है।

****

जयद्रध वध

रवि-प्रभाकर,
दिनकर-दिवाकर
शब्द के हर पर्याय में
सूरज का रूप प्रखर है
आग का गोला है,
धरती को जीवन देता है।

अलसभोर में किरणें
विटामिन-डी बनकर
प्रकृति को जगाती हैं।
तेज दोपहरी में
ऊर्ध्वाकार किरणें
पृथ्वी को देती हैं ऊष्मा।
और गोधूलि बेला में
नीले सागर पर

लालिमा बनकर बिछ जाती हैं।
रश्मियों से आदित्य देता है
धरती को नया जीवन।

कभी-कभी बादलों के पीछे,
छिप जाता है सूरज

तब बादलों से झांकती किरणें
कितनी मरी-मरी और
बदरंग नजर आती हैं,

तब कौन कहेगा ?
सूरज आग का गोला है,
धरती को जीवन देता है।

सूरज इन बादलों को
हटा क्यों नहीं देता?
और उग क्यूं नहीं आता
आसमान की छाती पर
तमगे की तरह।

आत्ममुग्ध सूरज बादलों को
नहीं हटाएगा,
क्योंकि उसने लोगों को

यह कहते सुन लिया है
कि सूरज
आग का गोला है।
धरती को जीवन देता है।

इस विपरीत मौसम में
सूरज लेटेगा अभी,
आत्ममुग्ध होकर
मुस्कुराएगा/कुनमुनाएगा।
एक दिन
तुच्छ बादलों के हाथों
मारा जाएगा,
जयद्रथ की तरह !!
****

वायरस संक्रमण

खिड़की से टकटकी
लगाकर झांकता
वो बुजुर्ग इन दिनों
अपने ही खोल में है।
वो अब बहसें नहीं करता,
औपचारिकताएं नहीं निभाता,
दूसरों से स्नेहिल
संबंध नहीं बनाता।

पुराने रोमांटिक गानों का
एनसाइक्लोपीडिया
आजकल अंताक्षरी में

भी भाग नहीं लेता।
वो बार-बार और जार-जार
जीवन के कोमल तंतुओं
की उपेक्षा कर रहा है।
भावनाओं के प्रवाह के आगे
वर्तमान के पत्थर रख रहा है।
वीरान शहर की सड़कों पर
गांव की गलियां खोज रहा है।

शहरी मतलबी रिश्तों के बीच
उसे डर है कि कहीं वो
कोरोना संक्रमित
तो नहीं हो गया !!

उम्मीदों की आंखों में
मुश्किल वक्त की नमी है।
दोस्त बहुत हैं, मगर
यारों की बस कमी है।

****

फर्क

शहर में सब कुछ है जुदा-जुदा,
अट्टालिकाओं में घर और
दिलों में अट्टालिकाएं!
सिर्फ सीवर, रसोई गैस और गटर
घरों को आपस में जोड़ते हैं।
साझा बनाते हैं।
शहर में झंकृत नहीं होते दिल के तार,
अपनों को भी बेगाना बना लेते हैं।

गांव में सब कुछ है जुड़ा-जुड़ा,
चौपाल, चबूतरे और कुएं की चरखी।
सिर्फ यही साझे नहीं,
टेसू-झांझी, हाट-चाट, उत्सव-मेले,
दही के जामन से चाय की पत्ती तक,
सब प्यार, पेट और दिलों को
पुरजोर बांधते हैं।
गांव तो चौथी गली के दद्दू और
दामाद को भी अपना बना लेते हैं।
वो सौंधी रोटियां हमको यहां कैसे मयस्सर हों,

मिट्टी से बना हम अपना चूल्हा छोड़ आए हैं।
वो ताजी छाछ, लस्सी, राबड़ी भी वहीं छूटे,
माखन की मटकियां भी सारी तोड़ आए हैं।

****

यार-अय्यार

वक्त के साथ ही बदल जाते,
कुछ यार मौसम-ए-बहार होते हैं !!

मजबूत डोर में बंधे दिल के रिश्ते
ये बिन बोले जानिसार होते हैं !!

वो क्यूं नहीं आती रातभर
नींद से शिकवे हजार होते हैं !!

सारा कुसूर तो दिल का है,
जिसमें ख्वाब बेशुमार होते हैं !!

प्यार ही वो खूबसूरत पौधा है
जहां मीठे फल सदाबहार होते हैं !!

जिंदगी के अजब से मंजर हैं
आस्तीन में भी अय्यार होते हैं !!

मुश्किलों में फंसाकर हंसते हैं,
कुछ बहुत कमीने यार होते हैं !!

मांग लो खून, तो जान ही रख दें,
मोहब्बत में ऐसे भी दिलदार होते हैं।
****

दुश्मन-दोस्त

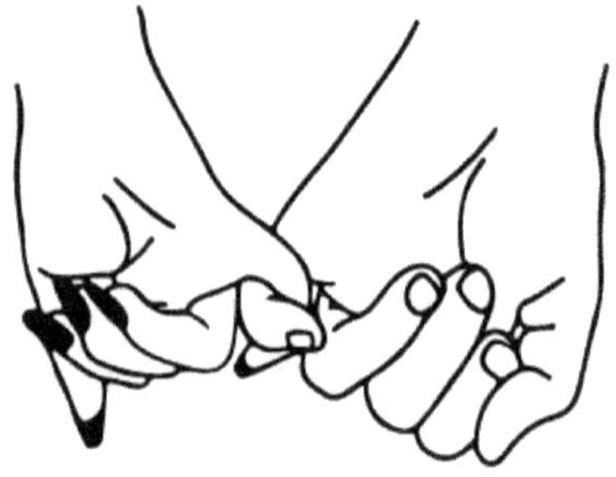

ए दुश्मन...तू दोस्त

अच्छे दोस्त
दिल के सबसे बड़े दुश्मन हैं।
ये एक बार बुरी आदत की तरह लग जाएं,
दिल बार-बार, जार-जार आंसू बहाता है,
और उन्हें ही बुलाता है...क्योंकि
दोस्तों की दुआओं का असर
बहिश्त तक जाता है !!

अच्छी किताबें
वक्त की सबसे बड़ी दुश्मन हैं।
ये अहसास ही नहीं होने देतीं
आपका मुश्किल वक्त कब, कैसे
धार-धार कटता चला जाता है !!

सफ़ों की गंध, हर्फ़ों की खुशबू में
जीवन अद्भुत आनंद पाता है !!

अच्छा प्यार
पूर्णता का सबसे बड़ा दुश्मन है।
प्यार परिपूर्ण होते ही
चाय में चीनी कम बनकर
गृहस्थी में उलझ जाता है।
सच भी तो है कि मंजिल में
सुहाने सफर का आनंद कहां आता है।
परिपूर्ण प्यार...लैला की लज़्ज़त और
मजनूं की मोहब्बत कहां पाता है ??

और...अच्छे दुश्मन
नाकामियों के सबसे बड़े दोस्त हैं।
वे हर हार पर खिलखिलाकर हंसते हैं।
तरानों के बोलों में ताने कसते हैं।
उनकी हंसी प्रेरित करती है
जगाती है, जीतने की ये जिद कि
तिमिर में उम्मीदों का सूरज दमकेगा !!
दुश्मन भी प्यारा-सा दोस्त बन चमकेगा !!
****

लड़कियों का ब्याह

लड़कियां ब्याही जाती हैं...
हैसियत वाले परिवारों से,
पैसे वाले रिश्तेदारों से।

बस वो ब्याही नहीं जाती
अपने ख़्वाबों के राजकुमारों से!

लड़कियां ब्याही जाती हैं...
फूफा और काका के कौल से
कभी शक्ति से, कभी धौल से।

बस वो नहीं ब्याही जाती
स्वप्निल ख़्वाबों के मोल से!

लड़कियां ब्याही जाती हैं...
नाते-रिश्ते में गहनों की थैली से,
देवर से, एक चादर मैली से।

बस वो नहीं ब्याही जातीं
बचपन के हमजोली से!

लड़कियां जीती जाती हैं..
युद्ध से और शर्त से,
जुए से और कुतर्क से।

बस वो नहीं जीती जाती
प्यार, करुणा और अश्क से!

लड़कियां ब्याही जाती हैं
सरकारी मुलाज़िमों से,
ज़मीनों से, दुकानों से।

बस, वो ब्याही नहीं जातीं
बाल-यौवन के अफ़सानों से!
****

तय तुमको करना है

दिल से ज्यादा उपजाऊ
जगह कोई और नहीं होती।
तय तुम्हें करना है कि...!!

तुम प्रेम-प्यार बोते हो या नफरत,
तीखे अल्फ़ाज़ बोते हो या उल्फत।
आलिंगन चाहिए या रुखसत।
दिली रिश्ते चाहिए या सिर्फ़ जरूरत।

कुदरत का नियम अटल है।
जैसा बोएंगे, वैसा पाएंगे।।

आंखों से ज्यादा सच्ची
जगह कोई और नहीं होती।
तय तुम्हें करना है कि...!!

बचपना पढ़ना है या मीठी-सी शैतानी,
अनुभव पढ़ना है या बीती बात पुरानी।
आज को पढ़ना है या कोई भूली कहानी,
अश्कों को पढ़ना है या बहता खारा पानी।

सृष्टि अपने नियम से हर पल कुछ रचती है,
जब हम सोते हैं वो आंखें में जगती है।

कन्हैया-सा अनूठा प्रेम
कोई कर ही नहीं सकता,
तय तुम्हें करना है, प्रिये...!!

यशोदा बन लाड लड़ाना चाहती हो,
गोपियां बन रास रचाना चाहती हो ।
रुक्मणी बन साथ निभाना चाहती हो,
या राधा बन अमरत्व पाना चाहती हो।

गुरुत्वाकर्षण का यह चौथा नियम है,
शाश्वत प्रेम पकने पर फल देता है।।

****

माफ करना राजहंस

A. आन मिलो सजना

दोस्त, तुम आए थे
जन्नत की चाह में
खुशियों को पंखों में समेटे
उम्मीदों की ऊँची उड़ान से
तय किया तुमने
मीलों लंबा सफर।

तुम आए बर्फीले
तूफानों को चीरकर

बंधे थे,
विश्वास की इस डोर से
कि बाँहें पसारे
झील के किनारे
तुम्हारे स्वागत में उठ खड़े होंगे।

बर्फ-सी सफेद
परदेसी झील में
अपना आशियाना बनाओगे
हर सुख की बेला में
और दुख की घड़ी में
हर पल साथ अपने पाओगे।।

B. कमबख्त इश्क

हे राजहंस,
पता नहीं मीलों दूर से तुम्हें
खारे पानी की इस सांभर झील में
गुरू शुक्राचार्य का तप बुलाता है!

या ययाति और देवयानी के
प्रथम प्रेम का यह अद्भुत स्थल
तुम्हारे जैसे असंख्य
प्रेमी-युगलों को आकर्षित करता है।

या फिर शायद इसी
नमकीन झील में तुम्हारे मीठे
प्रणय कलरव के ख्याल से
गुलजार की जबां से भी
नमक इश्क का,
के सुरमई बोल फूटे होंगे।

या फिर दोस्त
साल-दर-साल
तुम्हारे स्वागत में दूरबीन
मोबाइल और लैंसों से झांकती
पुकारती और मुस्कुराती
मासूम-सी आंखें
बार-बार तुम्हें बुलाती हैं।

तुम भी निर्मल हवा के
परों पर सवार होकर
मदमस्त प्रेमी की तरह
दौड़े चले आते हो।।

C. अतिथि तुम कब जाओगे

माफ करना दोस्त
कुछ गलती तुम्हारी भी है
तुमने क्योंकर मान लिया
अतिथि देवो भव: कहने वाले
सब लोग असल में भी मेहमानों को
देव तुल्य ही मानते होंगे!

तुमने क्योंकर मान लिया कि
'पधारो' म्हारे देस की संस्कृति
गाने-बजाने और जीने वाले
अपना केसरिया बालम
तुम्हें ही मानते होंगे!

और तुमने यह भी
क्योंकर मान लिया कि
इन्सानों की मंडी में
तुम्हारी कद्र
इंसानों जैसी या
इंसानों से बेहतर होगी !!

D. हमसे न टकराना

दोस्त, तुम अपनी बात करते हो
यहां आस्ट्रेलिया के माइकल को
आवारा श्वानों ने काट लिया,
लहु से लाल कर दिया हाथ,
लगवाए एंटी रेबीज के टीके।

यहां साइबेरिया की सिंड्रैला को
सांडों ने मारी जोर से टक्कर,
तोड़ दी उसकी कूल्हे की हड्डी,
करवाई प्लास्टर और पट्टी।
तब जाकर हो पाई
इन परदेसी पावणों
की वतन-वापसी।

E. भाग मिल्खा भाग

दोस्त, तुम अपनी बात करते हो
यहीं पर नीदरलैंड की नैंसी को,
जिसे इश्क था पुराने महलों से,
आवारा गुंडों की फौज ने

अस्मत लेकर उसको
उम्र भर चुभने वाला
नश्तर दे दिया।

और याद है ना
यहीं यहीं पर
फ्रांस का वह प्रेमी-युगल,
तुम्हारी तरह ही प्रणय में
डूबकर आया था हनीमून पर।
चंद सिक्कों की खातिर
हैवानों ने, शैतानों ने
छीन ली थीं उनकी साँसें।

कुछ दिन के लिए आए थे
मनचाही उड़ान भरने,
मनचाहा आकाश नापने।
ये सारे परिंदे
तुम्हारी ही तरह
प्रवासी ही तो थे।

F. मेरी आवाज सुनो

जानते हो ना दोस्त
इन इंसानी पर्यटकों की तो
जोरदार चीखें भी
गूंजी थीं चहुंओर।

शब्द और चित्र भी खूब दौड़े थे
मीडिया के गलियारों में,
सड़क से सदन तक
गुंजाएमान थे।

इनको बचाने के नारे,
दब गईं इनकी आवाजें
नक्कारखाने में
तूती की तरह!

ऐसे में तुम्हारी क्या बिसात,
तुम बेजुबानों के पास तो
ना शब्द हैं और ना ही चीखें।
कौन सुनेगा तुम्हारे नमकीन
आंसुओं की आवाजें?

वैसे भी आजकल
हुम्करानों के पास

सरकार बनाने-तोड़ने
और फिर बनाने जैसे
और भी बहुत काम हैं !!

G. मुझसे दोस्ती करोगे

दोस्त, ठीक है कि तुमने
अपनी एलुमनाई मीट
के लिए खारे पानी की
सबसे बड़ी झील को
अपना आशियाना चुना।

ठीक है कि तुमने
छह हजार किलोमीटर
से ज्यादा उड़ान भरकर
इस मनोरम, रमणीक

स्थल को अपना
टूरिज्म डेस्टिनेशन बनाया।

ठीक है कि तुम
बर्फीली हवाओं,
उंचे पहाड़ों और
तेज़ तूफानों से
लड़े-जीते और यहां पहुंचे!

पर तुमने ये ठीक नहीं किया,
इंसान व परिंदों में भेद करना था।
तुम्हारी प्रकृति-सम
विशाल हृदय नहीं है उनका।
पहले जान पाते तो
फिर यहां ना आते!

H. जय संतोषी माँ

माफ करना दोस्त
एलुमनाई मीट के लिए
अपने दोस्तों को निमंत्रित
करने से पहले तुम्हें
इतना तो पता
होना ही चाहिए था।

यहाँ पर तो भक्तगण
भागवत कथा और कुंभ में
लापरवाही के करंट
की बलि चढ़ जाते हैं !!

लंबी उम्र की आस में
सजदे करने इबादतगाह में
जाने वाले, बद-इंतजामी
और अव्यवस्थाओं के चलते
भीड़ तले रौंदे दिए जाते हैं।
तुम्हारे लहू के आंसू कम हैं,
इनके अपने ही कितने ग़म हैं!

I. मौत के सौदागर

माफ करना दोस्त,
हमारी लापरवाही,
हमारी जहालत,
हमारी अनदेखी,
हमारी लीपापोती,
और जहरीली जलवायु ने

नमकीन पानी की बूंदों
को बारूद बना दिया!

हजारों बेजुबानों और बेकुसूरों
को मौत की नींद सुला दिया।
परवाज को फड़फड़ाते तो हैं
तुम्हारे पंख, पर उड़ नहीं पाते।
तड़प-तड़प कर
तुम्हारे लिजलिजे शवों पर
दम तोड़ रहे हैं तुम्हारे ही परिजन!

हे ! भगवान, जो पर
परिंदों को परवाज के
काबिल बनाते थे,
वो अब पैरों के नीचे हैं।
दोजख बनी जन्नत में
मौत का बिस्तर लगा है
हुक्मरां आंखें मीचे हैं।

और अफसरशाही इसे
मोजार्ट की सिम्फ़नी मानकर

सुन रही है—
मौत के मंजर का
ये सबसे दर्द भरा गीत !!

J. कबीर-नामा

ए मौत, तुम्हें गर आना था
कोई तो बहाना बनाना था।
हम स्वागत को तत्पर होते
अविरल आंसू से पग धोते।

ए मौत, तुम्हारा तांडव है
कौरव नहीं, ये पांडव हैं।।
सबकी अपनी मर्यादा थी
आने की किसने आज्ञा दी?

ऐ मौत, क्यूं इतना ऐंठे है
रिश्वत नस-नस में पैठे हैं।
चंदन पर विषधर लेटे हैं
रक्षक, भक्षक बन बैठे हैं।

ए मौत, तू अपनी चाल देख
घायल हंसों का काल देख।
पंखों में खून विकराल देख
हड्डी-पसली और खाल देख।

ए मौत, तू अपना ख्याल देख
अफसर का ऊंचा जमाल देख।
भू लोक देख, पाताल देख
सियासत का झूठा मलाल देख।

ए मौत, तू अपना डसना देख
जीवित जीवों का फंसना देख।
सांपों का मोर को कसना देख
और सत्ताधीशों का हंसना देख।

K. कबीर सिंह-रिटर्न

तू देख कपोलों का क्रंदन
तू देख गिद्धों का हर्षित मन।
तू देख झील का घायल तन
तू देख बोलता है जन-जन।

तू देख मनुष्यों का महापाप
तू देख अफसरों का आलाप।
धड़ियाली अश्रुओं का प्रलाप
तू देख तो हंसों का विलाप।

तू देख, प्रकृति भी रोती है
अश्रु से खूनी पंजे धोती है।
वे कहर, जहर का बढ़ा रहे
सत्ता दरबारों में सोती है।

तू देख, फ्लेमिंगो के चूजों को
अभी अंडों से बाहर आए थे।
कुछ पंखहीन, कुछ प्राणहीन
स्वजनों को देख घबराए थे।

तू देख, तू ही क्यों शर्माती है
सत्ता को लज्जा न आती है।
तू देख डोलता गनन-गगन
और धरती धंसती जाती है।

ए मौत, तुझे है ख़ुशी अपार
बिखरा सिंदूर, उजड़ा संसार।
दो-एक नहीं थे तीस हजार
हर मौत का होगा व्यापार।

गिद्धों के भौज की है तैयारी
हमने तो हिम्मत अब हारी।
इंसानी गिद्ध सुख पाते हैं
बस गीत शोक का गाते हैं।

L. मृत्युदाता

माफ़ करना दोस्त
मुल्क की जो सियासत है
इसकी पुरानी रवायत है।
हर मौत नया गीत लाती है
नई फाइल खुल जाती है।

फाइलों में जुड़ जाते हैं
हर दिन कुछ और पन्ने
पक्ष और विपक्ष के
तर्क-वितर्क और कुतर्क।

इसके साथ ही फाइलों में
कुछ आंकड़े और बढ़ जाएंगे।
इतने ज्यादा कि जिम्मेदार
उन्हें कभी नहीं पढ़ पाएंगे।
बढ़ते-बढ़ते फाइल
इतनी भारी हो जाएगी
कि फाइल का बोझ

घटाने के लिए
फाइल पर कुछ वजन
और बढ़ाना पड़ेगा !!

M. भ्रष्टाचार

तुम सब्र करना दोस्त
पक्षियों को बचाने के
उपायों पर होंगे महंगे सेमिनार
कुछ संगठन और एनजीओ
अफसर, नेता और दलाल
हड़पने को मोटा माल।

दिन-प्रतिदिन कराएंगे
कुछ और स्टडी टूर और रिसर्च
घर बैठे बनाएंगे ग्राउंड रिपोर्ट
ताकि उनका बजट
महंगाई की तरह
बढ़ता ही चला जाए।
भले ही इस सारी
कवायद का रिजल्ट
यानी परिणाम शून्य आए।

दोस्त, देख रहे हो ना तुम
लैब दर लैब घूम रहे हैं
तुम्हारी मौत की जांच के सैंपल
इतने शहरों में तो तुम

जीते-जी भी कभी
घूम नहीं पाए थे
सरकारी लालफीताशाही
तुम्हारी अस्थियों को
यहां-वहां घुमा रही है
और अपना बिल बढ़ा रही है।

N. गुनहगार

फिर भी दोस्त
तुम्हें सिस्टम पर यकीं रखना होगा
बिसरा रिपोर्ट में चाहे जो आए
मौत के बाद तुम
बिसरा दिए जाओगे।
जांच में भले कोई भी
गुनहगार साबित हो
दोषी तुम ही ठहराए जाओगे।

क्योंकि हमारे रहनुमाओं
को बहुत अच्छे से आता है
जख्मों पर नमक छिड़कना!

और तुमसे ज्यादा अभी
कोई जख्मी नहीं है
सांभर झील में अब भी
नमक की कमी नहीं है।
तुम्हारे लिए बड़ी-बड़ी बातें
बनाने वाले भद्र पुरुषों,
बर्ड लवर और पक्षी प्रेमियों
की आँखों में नमी नहीं है।।

O. नमकीन

विज्ञान कहता है कि
सोडियम इलेक्ट्रोलाइट
के कारण आंसू नमकीन होते हैं।

झील में अपनों की मौत का
भयावह मंजर देख
राजहंस, तुम और
तुम्हारे बच्चे रोए भी होंगे !!
नमक पर गिरे होंगे
तुम्हारे असंख्य नमकीन आंसू।

तुम्हें पता है दोस्त
देश का दस फीसदी नमक
यही झील देती है।
अब खून से सने
इन आंसुओं से शायद
नमक और नमकीन हो जाए !!
मगर बात तो तभी बनेगी
जब मरुधरा और दिल्ली
दोनों ग़मगीन हो जाएं !!

P. शहीद

माफ करना रहनुमाओं

अगली बार
जब कोई नमकीन कौर
हलक से उतारो तो याद रखना
इस नमक में साइबेरिया के
किसी राजहंस के आंसू और
अरमानों का खून मिला है!

तुम्हारी आंख से आंसू तो
यह जानकर भी नहीं आएंगे
कि इन बेजुबानों को वतन की मिट्टी
अब कभी नसीब नहीं होगी।
बस, सात समंदर पार
इनके बेसाख्ता इंतजार
की इंतेहा जरूरी होगी !!

Q. फूल खिले थे गुलशन-गुलशन

माफ करना दोस्त
तुम्हें तो पता ही होगा
आखिर तुम्हारे ही

देश से ही कभी
राजस्थान के घना में
आते थे साइबेरियन क्रेन।

उनकी आवाज़ों, परवाज़ों से
गुलज़ार रहता था हमारा
भरतपुर का पक्षी अभ्यारण्य।
हमने ही उजाड़ा उनका गुलशन
हमने ही बिगाड़ा पर्यावरण।

जानते हो न कितने
रांवेदनशील होते हैं सारस
एक प्रेमी के विरह-वियोग में
दूसरा भी गंवा देता प्राण
और हमने नहीं दिया ध्यान।

दो-ढाई दशक से अधिक हुए
घना को हमने उनके साथ की
खुशनुमा सुबहों से
जुदा किया हुआ है।
बताता हूँ ये क्यों और कैसे हुआ है ?

R. इंकलाब जिंदाबाद

दोस्त
यह कटु-सत्य है कि
अफगान-यूक्रेन में हो
गृह युद्ध का घमासान
या सेंट्रल साइबेरिया में
शिकारियों के तीर-कमान
छलनी हर बार
अमर प्रेम के प्रतीक

49

साइबेरियन क्रेन ही हुए हैं।

पक्षी-प्रेमी, अफसर, नेता
जुट जाते हैं गाहे-बगाहे।
गंभीर गोष्ठियां के बाद
बनाते हैं तूफानी योजना।
खूब दौड़ते हैं कागजी घोड़े
करते हैं हाहाकारी पार्टियां।
ये सब इनको खूब भाता है
अफ़सोस ! बस नतीजा ही
ढाक के तीन पात आता है।

S. एक था टाइगर

दोस्त,
आज तक
सरकारी फाइलों में बंद हैं
साइबेरियन क्रेन के
पुनरागमन के प्लान।
सदन गांधी-गोडसे
और हिंदू-मुस्लिम
की बहस में बिजी है
कौन रखे उनका ध्यान ?

ठान लें तो पत्थर से भी
निकल सकता है पानी
ये तो वैसे भी है
प्रेम की करुण कहानी।

प्रबल इच्छाशक्ति से
तीसरा नेत्र खोल दे सरकार
घना फिर हो सकता है गुलज़ार
फिलवक्त तो घना की मिट्टी भी
अब घनीभूत पीड़ा
के साथ कहती है
साइबेरियन क्रेन अब घना नहीं आते।।
शायद रहनुमा ऐसा नहीं चाहते।।

T. नो वन किल्ड जैसिका

आह! दोस्त
उधर देखो
आ गई है तुम्हारी
मौत की जांच रिपोर्ट
मैं ना कहता था
बहुत पछताओगे
तुम ही जिम्मेदार
ठहराए जाओगे!

इंसानों की अदालत ने
खुद तुम्हें अपना ही
कातिल पाया है !!
कहते हैं कि क्लोस्ट्रीडियम
बॉटुलिज्म बैक्टीरिया
की वजह से हुई है मौत!

ये बैक्टीरिया भोजन में था
जो तुमने खाया था!
माफ़ करना दोस्त
अफसर मानते हैं कि
यह बैक्टीरिया घातक है
तुम्हें पता होना चाहिए था।

अपने कुनबे के लिए।
तुम इससे बचाव के उपाय
करके क्यों नहीं आए ?
शायद उन्हें लगता है कि
हर बार तो तुम
अपने देश से एंटी बैक्टीरिया
इंजेक्शन लेकर आते थे!
इस बार क्यों भूल गए ?
इसकी सजा तो मिलेगी।
मौत से बदतर सजा मिलेगी!

U. अली बाबा चालीस चोर

दोस्त,
सवाल न करना कि
घातक बैक्टीरिया
क्यूँ, कैसे, किन कारणों से ?
किसकी लापरवाही से फैला ?
इसके लिए कौन जिम्मेदार है ?
कौन 30 हजार जीवों का हत्यारा ?
मौत पर किसने, क्या कार्रवाई की ?

ये इंसानों की रिपोर्ट है दोस्त
इंसान होते तो पता होता
चोर-चोर मौसेरे भाई होते हैं
ऐसे करतूतों में इंसान
इंसान के कितने काम आते है!

तुम्हारे इतने सवालों के बीच
हिंदुस्तान की सबसे बड़ी
पक्षी त्रासदी पूछ रही है
कि क्या मेहमान परिंदे
अपने पुरखों की कब्रों पर
फूल चढ़ाने अगले साल भी आएंगे ?

तुम, पक्षी हो ना बस
उड़ते रहना अलमस्त
और खाते रहना दाना
दोस्त, एक दरख्वास्त है]
तुम अगले बरस ना आना !!

V. सरकार-2

दोस्त,
मशविरा है मान लेना
फिर आने की ना ठान लेना।
यहाँ सियासतदां हिंदू-हिंदू,
मुस्लिम-मुस्लिम खेल रहे हैं।
हुक्मरां सोशल मीडिया की
ट्रोलिंग झेल रहे हैं।

और तुम्हारा तो
न कोई धर्म है न जात
याद रखो अपनी औकात
उनकी तरकश के तीरों
के लक्ष्य बहुत बड़े-बड़े
वे फिर कहेंगे कि तुम
न्यूरोमस्कुलर बीमारी
से यूँ ही मरो पड़े-पड़े
बाद में ना पड़े पछताना
इसलिए बिल्कुल मत आना!

W. माय फ्रेंड गणेशा

दोस्त, मुझे पता है
तुम दिली दोस्ती निभाओगे
अगले बरस भी जरूर आओगे।
जैसे हर साल आते हैं
गणपति बप्पा !!
तुम भी अपना फर्ज निभाओगे।

बस एक विनती है
एक छोटी सी अरज है
तुम जब अगले बरस आना
संग अपने बच्चों को मत लाना।

सच कहता हूं वो देख नही पाएंगे
अपने पूर्वजों के अवशेष
अंतकरण में होगा क्लेष
उनके अधरों से नहीं सुन पाएंगे
उठो तात ! हम आए हैं
तुम्हें जगाने आये हैं !
संग ले जाने को आए हैं !

जब नहीं आएगी
पुरखों की साँस

तो उनका उठ जाएगा
इंसानियत से विश्वास !!
कैसे मरे ? हंसों के बच्चों के
इन दो अल्फ़ाज़ों का जवाब
इंसानियत तो क्या
खुदाई भी न दे पाएगी !!

X. जिस देश में गंगा बहती है

दोस्त]
वे बाहुबली बनकर
करना चाहेंगे अपने
हजारों पूर्वजों का उद्धार
जैसे कभी महान
भगीरथी ने अपने
60 हजार पूर्वजों को
किया था भवसागर पार !

अपने तप के बल से
स्वर्ग से ले आए थे मंदाकिनी
और कपिल मुनि के
श्राप से सगर पुत्रों को

किया था मुक्त
तब कल-कल निनादिनी
गंगा के छूते ही
शापित पूर्वजों का
हो गया था उद्धार !!

अब कौन है
जो करेगा उन्हें
सांभर-सागर से पार !!

Y. बाहुबली-द बिगनिंग

दोस्त,
फिर कहता हूं
भले ही तुम आना पर
संग बच्चों को मत लाना
क्योंकि अब स्वर्ग में
कोई गंगा नहीं है।

और भारत भूमि पर
भगीरथ का अकाल है।
चहुंओर फैला मायाजाल है!

पूर्वजों को तारने की
स्वर्ग में पहुँचाने की
इरा कलि-काल में
भूल जाओ वत्स !
अब तो जीते-जी ही
अपनों को तार रहे हैं!
ज़र-ज़मीन के लिए सगे
रिश्तों को मार रहे हैं।
भल्लालदेव बनकर अपने ही
बाहुबलि को मार रहे हैं।

Z. बाहुबली-दा कन्क्लूजन

माफ करना दोस्त
फिर भी गर तुम आना चाहो
संग बच्चों को लाना चाहो
तो अपने देश से ले आना
इक्ष्याकु वंश-सा कोई वंशज
जो पूरी तरह खोल दे,
नीति-नियंताओं के लोचन
कोई लालच, कोई प्रलोभन
ना ले सके मूक-मासूमों की जान।

जो कर सके रहनुमाओं
का दंभ भी खंड-खंड
दे सके उन्हें ऐसा दंड
कि कांप उठें उनके प्राण
जब लें पंख-पखेरुओं की जान
जो खोल दे सियासतदानों की आंखें
जो कर दे दुरूह स्वप्न साकार
जो लगा दे कोई ऐसी आन
कि फिर कोई ययाति-देवयानी
एक-दूसरे की गोद में
ना तजें कभी अपने प्राण।

फिर कोई मां अश्रुपूरित आंखों से
ना देखे अपने लाडलों का लहू!
लाना ऐसा बाहुबलि
जो कर सके लोभी-लालची
और भ्रष्टाचारी आतताइयों का संहार।
ऐसा कोई राजहंस
जो कर सके
30 हजार पुरखों का उद्धार!!
30 हजार पुरखों का उद्धार!!

****

आत्ममुग्ध पत्रकार

अख़बार के दफ़्तर में
जैसे-जैसे रात चढ़ती है,
पत्रकार खुलते हैं
किसी बिना इंट्रो की
समाचार कथा की तरह!

उनका निजी संसार
सामने नज़र आने लगता है।
पत्रकार आत्मसजग होते हैं,
और अधिकतर लिखख्खाड़
अपने प्रस्तुतिकरण का ढंग
और भूमिका ढूंढ लेते हैं।

रोजनामचे के अधिकांश लेखक
अपने अतीत पर स्याही फेरकर
अपनी नई कथाएं लिखते हैं।
जो समयानुकूल और
सम्मानजनक होती हैं।

कोरोना की महामारी के बीच
इनका प्रस्तुतिकरण
प्रभाव-कुप्रभाव और आकर्षण
ठीक उसी अनुपात में होता है
जिसमें वे खुद/अपनी
समाचार कथाएं लिखते हैं।

कुछ ही दिनों में वे
अपने वास्तविक अतीत
और प्रस्तुत वर्तमान में
कोई भेद नहीं कर पाते हैं।
यह विभाजन उनकी बुनियादी
उलझनें और बढ़ाता तो है,
लेकिन एक लचीला-सा
आत्मविश्वास भी देता है,
जिसके सहारे वे अपनी
नई कहानी में
सबन्धों के नए जाल बुन पाते हैं।
****

वो लड़की

दिल कुछ हुलस गया
बेमतलब,
बेमकसद!

तो लगा जैसे
उस लड़की की पीठ पर
आँखें उग आई हैं।

आँखें मेरी ओर ताक रही हैं,
मुझे जरा भी नहीं होता
उनकी चुभन का अहसास!

आँखें मुझे बुला रही हैं,
रोयां-रोयां
सहला रही हैं।

आँखें मुझे डरा रही हैं,
भूत-भविष्य-वर्तमान
सब बता रही हैं!

दूर, बहुत दूर क्षितिज में,
जैसे कोई दिवास्वप्न-सा
मुझे दिखा रही हैं।

हजारों बार समझा चुका हूं
इन आँखों को,
फिर भी आश्वस्त हूँ,
मुझ उतावले को भी
लगता है कि
वो मेरी ही है!

****

लफ्जों का चरखा

विपुल साहित्य में अब तक
जितना लिखा गया है,
उसमें देशों और पात्रों के
नाम बदल दें तो क्या सचमुच
कुछ नया रचने की जरूरत है?

आदि कवि कौन है जो
नए ढंग से कहे
या कुछ नया कहे!

अल्फाजों की सदियों पुरानी
प्रवाहमान नदी से कैसे
कोई छिटककर
किनारे खड़ा हो जाए?

वक्त के भंवर में
कविताएं डूबकर मर रही हैं।
साहित्य के सुंदर पन्नों पर
सदियां ठुमक रही हैं।
समय के नौहरे पर हो रही
नई झुर्रियों की गणना
और शायराना शब्दों का संयोजन
यह कौन सी नई बात है?

मैं क्या लिखूं, किस पर लिखूं?
यह कोई अब नई बात नहीं,
फिर मेरे भीतर दिन-रात
छटपटाहट का चरखा क्यों चलता है,
जिससे दिल को चैन नहीं मिलता?
मैं क्या करूं ?

अर्श से टकराकर हर्फ़
लौट आते हैं थककर।
विकृत कर देता है उन्हें कोई अवरोध,

या फिर ये हैंगओवर है—
आधा-अधूरा धुंधला-सा नशा,
जो उतरने या चढ़ने के बीच
मुझे घुन रहा है।
मुझे कौन सुन रहा है?

मैं लेखक, कवि हो सकता हूं,
पत्रकार हो सकता हूं,
राजनेता हो सकता हूं,
प्रेमी या संस्कृतिकर्मी हो सकता हूं,
घुमक्कड़ और बंजारा भी हो सकता हूं।

मैं हो सकता हूं और भी बहुत कुछ,
जो नायकत्व और यश से
पगा हुआ हो,
जो लफ्जों से नहीं,
पसीने और लहू से लिखा गया हो।
लेकिन नहीं लिखता हूं
कुछ लिखने की प्रक्रिया में भी नहीं हूं
मैं ऐसा क्यों है?

****

देहरी के दीप

खुशी के रंगों की लड़ियों संग
जब घर-घर दीप दमकते हों !!

देहरी पर दीए रख-रख कर
जब चंचल चेहरे चमकते हों !!

गुझिया, लड्डू, पिन्नी, कतली
जब उदर में खूब गटकते हों !!

कहीं रंगोली, कहीं फुलझड़ियां,
कहीं आतिश-बम गर्जते हों !!

जब दूर देश में हो कोई अपना
और दुआ में होंठ लरज़ते हों !!

तब तू देख दमकती दीवाली !!
तब तू देख दमकती दीवाली !!

(नज़ीर अकबराबादी से गुस्ताख़ी सहित)

मां की याद

तेरे बोसे, तेरे तोहफे
मैं सब कुछ भूल जाऊंगा।
तेरी झप्पी, तेरी पप्पी
मैं सब कुछ भूल जाऊंगा।
नहीं, मैं भूल सकता कि
नहीं तुम सामने मेरे।
रहे जन्नतनशीं फिर भी
रहोगी साथ तुम मेरे।

दौलत भी जहां भर की
वो जब चाहे लुटा देती।
सर पे हाथ रख कर वो
सबको अपना बना लेती।

लहू की बात जाने दो,
उसे तो फिक्र सबकी है।
पहला कौर रोटी का, मां
चिड़िया को खिलाती है।

कोई भी द्वार से उसके
कभी खाली नहीं जाता
बलाओं को मिटाने को
दुआएं साथ जाती हैं।

बोल रही हैं भीगी आंखें
रिश्तों की गठरी पे बैठी है।
पीर तुम्हारी पर्वत-सी है,
परमां के सन्मुख छोटी है।

मैं मां के उस झूठ पर
क्यूं न कुर्बान हो जाऊं,
कलेवा देकर बच्चे को
जो खुद सो गई भूखी।

गृहलक्ष्मी की तो सदियों
से हर घर पूजा होती थी,
तुलसी को चुनरी ओढ़ाकर
मेरी मां दुल्हन बनाती थी।

ख्वाबों में शबभर जन्नत
की सैर करता रहा यारों,
सुबह आँख खुली तो देखा,
सर माँ की गोदी में था।

****

मदहोशी

तुमने कहा था
कभी कोई नशा नहीं करना,
नशे में बहक जाता है
अंतर्मन!
हमने सोचा, दिल ने भी माना,
कभी नशा नहीं करेंगे।
नशेमन कभी चाहेगा, तो पी लेंगे
तुम्हारी यादों के जाम।
सजा देंगे मेज पर
तुम्हारे गुलाबी पत्रों की एलबम
पी लेंगे शब्दों की शराब।
तब हर इक शय में,

कश में और मय में
तुम नजर आओगी।
अधखुले अधरों से
धीरे से मुस्कुराओगी।

नेह के निमंत्रण से
बुलाकर करीब,
घोल दोगी कानों में
रागिनी के स्वर,
और कहोगी,
प्यार से, मनुहार से,
सांसों के हर तार से—
"वादा करो, प्रिये!
कभी कोई नशा नहीं करोगे।"

जो कुछ भी सोचा,
हमारे-तुम्हारे बारे में,
उसे एक ही क्षण में
जी लेना चाहा।
क्योंकि हम मिलते हैं
कभी-कभार,
छटे-चौमासे।

डूबकर मय में
भूल जाएं सब कस्मे-वादे
और ना मिल पाने
के सारे बहाने।

इकरार के इंतजार में
जो लुत्फ था
वो जालिम तुम्हारे
इनकार से जाता रहा।
अब नहीं लगता कि
हम कभी जी पाएंगे
प्राकृतिक ढंग से
सहज, दीर्घकाल तक
और पूरी अवधि तक।

दर्द-ए-दिल में अब
इंतजार के पल पलते हैं।
अश्कों के कश से
लब जलते हैं।।
इधर इजहारे-मोहब्बत
उधर नीम खामोशी।
तुमने दे दी है

उम्र भर की मदहोशी!

अब किसी भी नशे
का असर नहीं होता।
माफ करना!

भव्य भारत

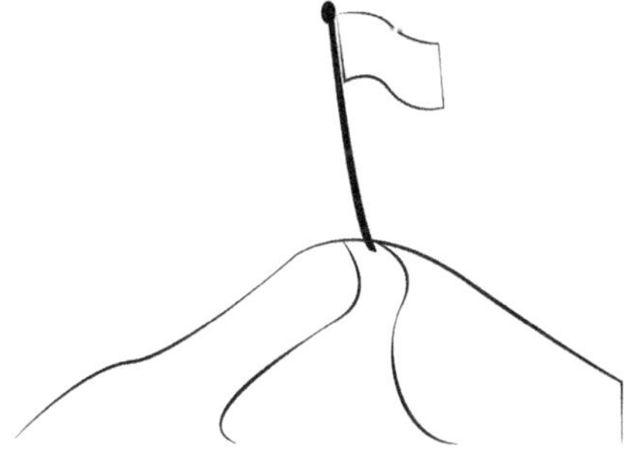

तारों के सम, दीप जले हैं,
घर-आंगन, मन खूब खिले हैं।
जगमग-जगमग है जग सारा,
दीवाली अनुपम है त्योहार हमारा।
सुख-समृद्धि और वैभव पाएं,
आओ, भारत भव्य बनाएं।

दिव्य हुई दीपों की माला
मंदिर-मंदिर में उजियारा,
बाजारों में रौनक छाई,
चहुंओर खुशहाली आई।
तन-मन-घर सब स्वच्छ बनाएं
आओ, भारत भव्य बनाएं।

विश्वकर्मा के दीपों से,
घाट, नदी और सागर दमका,
गगनयान और चंद्रयान से,
भारत दुनियाभर में चमका।
आओ, दीप से दीप जलाएं।
आओ, भारत भव्य बनाएं।

रोशनी की बौछार दीवाली,
जीवन का उपहार दीवाली,
परंपरा और प्यार दीवाली,
खुशियां लाए अपार दीवाली,
रिश्तों के रंग में रंग जाएं।
आओ, भारत भव्य बनाएं।

रामायण और राम दीवाली,
लक्ष्मी-गणपति का नाम दीवाली,
आशा और विश्वास दीवाली,
त्योहारों की मिठास दीवाली,
द्वार-द्वार पर दीप जलाएं,
आओ, भारत भव्य बनाएं।

सरयू की आंखें

मां सरयू की दो आंखें हैं !!

एक संवरती अयोध्या को
देखकर खुशहाल है।
दूसरी आंख कारसेवकों
के लहू से लाल है!

एक में जगमग-जगमग
ज्योतिर्मय दीवाली है।
दूजी में करुण क्रंदन,
आंसू और रक्तिम लाली है!

एक में राम-भजन,
राम धुन और आरतियां है।
दूजी में निहत्थे कारसेवकों
पर टूटती लाठियां हैं!

एक में राम भक्तों की
खुशियां अपरंपार हैं।
दूजी में कारसेवकों
पर गोलियां बेशुमार हैं!

एक में रामराज्य की अद्भुत
झांकी और जयकारे हैं।
दूजी में टूटती बाबरी और
मथुरा-काशी के नारे हैं!

एक में रावघ के चरणों
में राम भक्त लेटे हैं।
दूजी में मांओं की गोद
में लहू से लथपथ बेटे हैं!

एक में राम और कौशल्या
की आंख के तारे हैं।
दूजी में राम के काम आए
बहनों के भाई प्यारे हैं!

एक आंख तीर्थ-हब बन रही
अयोध्या को देख हंसती है।
दूजी राम भक्तों पर ढाए गए
जुल्मों को याद करके रोती है!
****

नवयुग

सूरज को मुठ्ठी में लेकर
आंधी-तूफानों से लड़कर,
हर बाधा में, हर मुश्किल में,
हर संकट में, हर सिद्धि में।
संकल्प का दीप जलाना है
बस आगे बढ़ते जाना है।

अद्भुत भी हैं, अडिग भी हैं,
हम तोड़ेंगे जर्जर जंजीरें।
अपने हाथों ही लिखेंगे,
विकसित राष्ट्र की तकदीरें।

ये युवा-शक्ति ने ठाना है,
बस आगे बढ़ते जाना है।

आजादी का अमृतकाल है
समृद्धि का उदयकाल है।
कर्तव्य-पथ के महामंत्र से,
मां भारती के भाल को,
दुनियाभर में चमकाना है।
बस आगे बढ़ते जाना है।

ये नवयुग है, नवभारत है।
आगे बढ़ने की सहास है।
दुनिया में डंका बोलेगा
भारत में इतनी ताकत है।
अब समर्थ राष्ट्र बनाना है
बस आगे बढ़ते जाना है।

चहुंदिशा में परचम फहर रहा,
सौभाग्य देश का जागा है।
वंचित, शोषित और दुर्बल,
जन-जन से पक्का वादा है।

निर्भय-निडर और गौरवशाली,
भारत को हमें बनाना है।
बस आगे बढ़ते जाना है।

****

प्यार में दिन-रात

सचमुच,
तुमसे मिलने से पहले
सपनों की दुल्हन के
ढेरों सपने बुनते थे।
खोकर मीठी यादों में
थोड़ा-थोड़ा हम हंसते थे।

फूलों से लेकर के खुशबू,
परियों का रंग चुरा लिया।
चंदा से लेकर शीतलता,
तारों का आँचल सजा दिया।

एक प्यारी, भोली मूरत को
मनमीत प्यार का बना लिया।

कुछ अल्हड़पन, कुछ भोलापन,
कुछ मीठे-मीठे नखरे हों।
कुछ चंचलता, कुछ आतुरता,
कुछ छोटे-छोटे सपने हों।
जब भोर की किरणें आएंगी
तुम धीरे से हमें जगाओगी।
कानों में अमृत बोल, घोल
अधरों पर प्यार जताओगी।
उस रूप के सूरज साथ-साथ
होगा अपना भी सुप्रभात।

जब दिन का होगा खालीपन,
चाहेगा जब दिल अपनापन।
सीने से तभी लगाओगी,
नखरे से कभी हटाओगी।
नखरों में होगा नटखटपन,
संभलेगा कैसे चंचल मन।
आने का करके तुम वादा,
शाम तक हमें सताओगी।

तारों की शीतल छांव में
बजते हो घुंघरू पांव में।
आंखे काजल से काली हों,
गालों पर हया की लाली हो।
नयनों में हल्का हो कंपन,
अधरों पर जब दें हम चुंबन
रिमझिम वर्षा की सांझ में
उसे प्यार करें हम गांव में।

हों चांद भरी ठंडी रातें,
होंगी अपनी मीठी बातें।
कुछ वो चहकें, कुछ हम बहकें,
फिर बहकी-बहकी हो बातें।
हैं बसे तुम्हारे हाथों में,
महसूस करो तो सांसों में।
सांसों के शाश्वत बंधन में
बस जाएंगे अंतरमन में।

ये शब्द बने हैं तन और मन,
भावों में है दिल की धड़कन।
मीठी यादों/वादों के पन्ने हैं,
स्याही में लहू की है धड़कन।
मनमीत मेरे, बंद करके आंखें,

अधरों से इसे लगाओ तो।
देखोगी सागर प्यार बना,
दिन-रात में बसाओ तो।
दिन-रात में हमें बसाओ तो।

अब याद करो अपनी बातें,
मदभरी सर्द मीठी रातें।
तुम गुड़िया भीगी-भीगी सी
तुम नींद में जागी-जागी-सी।
रातों में सोकर के उठना
सच होता दिखे वही सपना।
सर्दी की रात रजाई में,
उल्फत की बात रजाई में।

है याद हमें वो चंदा भी,
कैसे वो तब शरमाया था।
दोनों के प्रणय के बंधन में,
जैसे वो कुछ घबराया था।
चंदा की धवल चांदनी संग,
तुमने भी गले लगाया था।

दिल की यादों की पुस्तक में
दिन के पन्ने कुछ भारी हैं।
चम्पी से लेकर चुम्बन तक,

देखो तो सब कुछ जारी हैं।
ना-ना के बीच हमारी हां,
हां-हां के बीच तुम्हारी ना।
पूछो गत दिल की हालत तब,
सीने से जब मिलती थी जां।

सचमुच,
तुम सब सच-सच कहती हो,
बेशक कुछ बहकी-बहकी हो।
सच, सपने किए सभी सारे,
हैं प्यार के आगे हम हारे।
प्यार दिया है तुमने इतना,
सागर में समाए ना जितना।
फिर भी दिल नहीं भरता है,
दिल पल-पल, पल-पल कहता है।
यूं ही सांसों में बसती रहो,
हम गाएं और तुम हंसती रहो।

****

हर मौसम में तुम

हर लम्हे में, हर मौसम में
तेरी यादों ने ली है अंगड़ाई,
अनजाने में नींद चुराने
सनम तुम्हारी चिट्ठी आई।

सावन की रिमझिम बरखा में
वादों ने ली है अंगड़ाई,
सोंधी खुशबू में महक तुम्हारी,
तेरे देस की मिट्टी आई।

वसंती खिलते मौसम में

कलियों ने ली है अंगड़ाई,
पत्ती पत्ती, गुलशन-गुलशन,
तेरे नाग की पट्टी आई।

गर्मी की ठंडी रातों में,
जुगनुओं ने ली है अंगड़ाई,
कैरी दरख्तों पर लगी झूमने,
कुछ मीठी कुछ खट्टी आई।

जाड़े की ठिठुरन में हम-तुम
और रातों ने ली है अंगड़ाई,
सात जन्म के गठबंधन की
स्वर्ग लोक से चिट्ठी आई।

****

अश्रुपूरित आभार

मां कैसे भूल जाऊं प्यार की वो अनगिनत यादें।
मां कैसे भूल जाऊं वात्सल्य की मीठी बहुत बातें।

मां कैसे भूल जाऊं कितनी दुआओं से मुझे पाया।
मां कैसे भूल जाऊं मुश्किलों में तू मेरा सरमाया।

मां कैसे भूल जाऊं डांट से कब—कब बचाया था।
मां कैसे भूल जाऊं डांट कर हलवा खिलाया था।

मां कैसे भूल जाऊं रात भर तकना मेरी राहें।
मां कैसे भूल जाऊं मैं तेरी जन्नत-सी वो बाहें।

तेरे बोसे, तेरे तोहफे मैं सब कुछ भूल जाऊंगा।
तेरी झप्पी, तेरी पप्पी मैं सब कुछ भूल जाऊंगा।

नहीं मैं भूल सकता कि नहीं तू सामने मेरे।
रहे जन्नतनशीं, फिर भी रहेगी साथ तू मेरे।

****

पापा तुम्हें देखा है

कौन कहता है
कौन कहता है
कि तुम चले गए!

तुम्हें देखा है
बारिश की बौछारों में
तपती धरती की
प्यास बुझाते, ठंडक देते।

तुम्हें देखा है
मासूमों की निश्छल हंसी में
उनके मोटे-मोटे आंसुओं में
प्यार बांटते, प्यार लुटाते।

तुम्हें देखा है
हाथ की लकीरों में
हर टेढ़ी-मेढ़ी रेखा को
सौभाग्य रेखा में बदलते।

तुम्हें देखा है
गम की धूप में
हर एक मुश्किल में
साया बनते, छाया बनते।

तुम्हें देखा है,
सबसे ज्यादा लाड़ लड़ाते,
मेरे लिए, मेरे ही बारे में
मां से छिपकर मां से बतियाते।

तुमको देख रहा हूं
चुपके से रहकर, धीमे बहकर
हंसते-हंसते सब कुछ सहकर।

लगता है...
मैं भी आजकल पापा बन रहा हूं।

****

हम तीन

हम तीन।
एक-दूसरे को खींचते
एक-दूसरे को सींचते
एक-दूसरे की लेते नाप
बनते कभी छछूंदर, सांप
जैसे सपेरा और उसकी बीन
तीखे, मीठे और महीन
हम तीन।

हम तीन
एक-दूसरे को सहलाते
एक-दूसरे को दुलारते
एक-दूसरे पर आत्ममुग्ध
हम तीनों ही सदैव प्रबुद्ध।

जैरो देह और कौपीन
तीनों जैरो घोड़ा और जीन
हम तीन।

हम तीनों ने साझा जोड़ा
एक-दूसरे का स्नेह निचोड़ा
दूर रहें जब चिठ्ठी भेजें
एक दूजे में रिश्ते खोजें
जैसे सागर और मीन
बादल, पानी और जमीन
हम तीन।

****

वो चली जाएगी

कहीं गहरे
बहुत गहरे,
भीतर तक घंस गयी है,
कोई छोटी-सी चट्टान
अनायास मेरी छाती में
इससे मैं अवरुद्ध हो गया हूं।

घूरता हूं हवा को
कि पहुंचा देगी मुझ तक
कोई हरी पत्ती
सुनी-सुनाई, बेजान-सी बहसें
अटकती, बहकती तकरीरें
मेरे माथे पर
लकीरें बनाती हैं

जाने-बूझे भ्रमों के बावजूद
सच यही है कि
मैं कुछ नहीं सोचता।

प्रेमिका के चुंबन भी
नहीं देते अब सिहरन
मैं डरता हूं
सोचता हूं
वो चली जाएगी
एक नन्हीं लहर मर जाएगी
सन्नाटे में डूबकर।

****

सियासत

सियासत भी मोहब्बत की तरह राहें बदलती है,
कभी तख़्तों पे रहती है, कभी बाहें बदलती है।

संभलना, दोस्ती की खाल में हैं भेड़िए बैठे,
ये प्यादे मारने शतरंज-सी चालें बदलती है।

तिजारत की तिजोरी में, झूठ की फाइलें सारीं,
बुरा जो वक्त आ जाए तो ये आंखे बदलती है।

रंगों की बात गिरगिट से, बदलना इनकी फितरत
है,
फकत इक पेशकश में ही, ये पनाहें बदलती है।

अय्यारी है, मक्कारी है, दौलत सब पे भारी है।
सिक्कों की चमक में तो चाहतें भी बदलती हैं।

ये इंराानों की मंडी है, यहां सब कुछ बिकाऊ है,
ये अश्कों की है सौदागर, यहां आहें बदलती हैं।

तू हिंदू है, मुसलमां मैं, ये गोरा है, वो काला है,
सियासत की दुकानों पे, सबकी जातें बदलती हैं।

****

बिटिया घर आई है

बारिश पड़े तो भागिए नहीं
छत नहीं खोजिए
छाते कभी-कभार बंद रखिए
किस बात का डर है
भीग जायेंगे ना!

तो क्या हुआ
पिघलेंगे नहीं
फिर से सूख जाएंगे
तेजाब नहीं बरस रहा है
ये कुदरत की अमृत वर्षा है।

आपकी 1799 वाली टी-शर्ट भी सूख जायेगी
जींस का ब्रांड Levis से Lebis नहीं हो जायेगा
मोबाइल पॉलीथिन में कस के रख लीजिये
कोई भी मिस कॉल,
इस नेचर फॉल से जरूरी नहीं।

और थोड़ा धीरे-धीरे चलिए
जल्दी पहुंच के भी क्या बदल जाना है
उस स्ट्रीट लैम्प की पीली रौशनी में
डिस्को करती बूंदों को देखिए।

बूंदों की मदमस्त फुहारें
आगाज है बारिश का
बदलाव है मौसम का
मन का, हृदय का
अनंत कल्पनाओं का
अंतस में छिपी यादों का
और इकसार चलती लाइफ के
गियर को बदलने का।

ये बदलाव है...
दिमाग से दिल की ओर
चिंता से चिंतन की ओर
व्यस्तता से मस्ती की ओर
महत्ता से माटी की ओर
मशीन से मानवता की ओर।

सब कुछ धुल रहा है
प्रकृति सब कुछ धो रही है
आप ही उसी मनहूसियत की

चादर लपेटे क्यों घूम रहे हैं
आप ही डॉलर की चमक में
खुशियों को ढूंढ रहे हैं।

याद कीजिये
वो कागज की कश्ती
वो मोहल्ले की मस्ती
वो भीगे छाते का पानी
वो भूली-बिसरी कहानी
वो कोचिंग में भीगे सिर वाली लड़की
वो टपरी पर बैठकर चाय की चुस्की
वो कॉलेज की कैंटीन में नीली आंखें
वो बारिश में कमीने दोस्तों की बाहें
वो कांपते हाथों से लिखी पहली लाइनें
वो रूमानियत में डूबी गुलजार की गजलें।

सब चलते-चलते याद कीजिए
सब मुस्कराते हुए याद कीजिए
दोहराव आसान तो नहीं होता
दुहराना चाहिए भी नहीं
लेकिन सहेजा तो जा ही सकता है
ताकि ऐसी किसी बारिश में चलते-चलते
वो सोच के मुस्कुराया जा सके।

ज़ुकाम से मत डरिए
वो अदरक वाली चाय
से ठीक हो जाएगा।

बुखार से भी मत डरिए
वो दवा से सही हो जायेगा।
बारिश के पानी से डरेंगे तो फिर
ज़ुकाम आपका महंगा वाला
शावर भी ठीक नहीं कर पायेगा।

बारिश आई है
थोड़ा चल लीजिए
थोड़ा भाग लीजिए
थोड़ा भीग लीजिए
थोड़ा जी लीजिए
बारिश आई है
थोड़ा खुद से मिल लीजिए
थोड़ा मुस्कुरा भी लीजिए
थोड़ा खिलखिला भी लीजिए।

क्योंकि
बारिश चंद महीनों के लिए आई है
जैसे
सावन में फिर बिटिया घर आई हो।

एक
दिन चली जायेगी वापस अपने घर
जैसे
लाडो चली जाती है अपने ससुराल
फिर
ना कहिएगा कि अब कब आएगी
आज
आई है तो जी भर कर जी लीजिए।
आज
आई है तो मन भर कर जी लीजिए।

****